EMG3-0151
合唱楽譜<スタンダード>

STANDARD
CHORUS PIECE

合唱で歌いたい！ スタンダードコーラスピース

混声3部合唱

映画「アラジン」より

ホール・ニュー・ワールド（新しい世界）

作詞：Tim Rice　作曲：Alan Menken　日本語訳詞：湯川れい子　合唱編曲：古川陽子

●●● 曲目解説 ●●●

1992年に公開された映画「アラジン」の主題歌です。劇中で主人公のアラジンとジャスミンが、魔法のじゅうたんに乗りながらデュエットする一曲です。素晴しい世界が広がるかような、夢に満ちたロマンティックなこの一曲を是非演奏してみてください♪

【この楽譜は、旧商品『ホール・ニュー・ワールド（新しい世界）（混声3部合唱）』（品番：EME-C3090）とアレンジ内容に変更はありません。】

ホール・ニュー・ワールド(新しい世界)

作詞:Tim Rice　作曲:Alan Menken　日本語訳詞:湯川れい子

14
プリ ン セ ー ス じ ゆ う の は な ー を ー ホ ラ ー
プリ ン セ ー ス じ ゆ う の は な ー を ー ホ ラ ー
Gm/B♭ A7 Dm FM7/C B♭ F
18
B
ひ らい て ひ ー ろ い せ か い を
め を ひ ー ら い て ひ ー ろ い せ か い を
め を ひ ー ら い て こ の ひ ー ろ い せ か い を
F B♭/F F B♭M7/D C/E
22
mf
Ah Ah み を ま ー か せ ー お お ぞ
Ah Ah み を ま ー か せ ー
ま ほ う ー の じゅ う た ん に み を ま ー か せ ー お お ぞ
Gm/B♭ A7 Dm FM7/C B♭ F

C
26
ら ー く も は う つ く ー し く ー だ れ も
お お ぞ ら Ah だ れ も
ら ー く も は う つ く ー し く ー だ れ も
C/E F C/E C♯dim A7/C♯ Dm F/C
30
ぼ く ら ひ き と め ー し ば り は し な ー い お お ぞ
ぼ く ら ひ き と め ー し ば り は し な ー い
ぼ く ら ひ き と め ー し ば り は し な ー い お お ぞ
B♭ F/A B♭ F/A Dm7 G7 Gm7/C
D
34
ら ー め が く ら む け ー れ ど ー と き め く む ね は
お お ぞ ら Ah と き め く む ね は
ら ー め が く ら む け ー れ ど ー と き め く む ね は
C/E C7 F C/E C♯dim A7/C♯ Dm F/C B♭ F/A

39
mf
cresc.
じ めてー あ な た み せてー く れ た す ば らーしい せーか いーを
じ めてー あ な た み せてー く れ たのー
じ めてー あ な た み せてー く れ たのー
B♭ F/A Dm7 G7 E♭M7 C7 F
6
E
44
f
す てきーすぎ て しんじーられ な い き らめーく ほ
す てきーすぎ て しんじーられ な い き らめーく ほ
すー て き す ぎて き ら
A♭ D♭M7/F E♭/G B♭m/D♭ C7
49
F
し は ダ イ ヤ モ ンード ねー アホールニューワールド
し は ダ イ ヤ モ ンード ねー アホールニューワールド ーー
め く ダ イ ヤ モ ンード ねー めをひらい
3
C7/F Fm Cm/E♭ A♭/E♭ D♭ A♭ E♭/G E♭7

53
ー はじめ てのせーかい ー ながれ ぼ し は ふ
ー はじめ てのせーかい ー ながれ ぼ し は ふ
て Ah こわがらない で ながれ ぼ し は ふ
A♭ E♭/G Edim C7/E Fm A♭/E♭ A♭M7/D♭ Gm7(♭5)/D♭ A♭/C
57
mp mf
しぎな ゆめにみち てすてき な ー あたら
しぎな ゆめにみち ているの ね ほしのうみを
しぎな ゆめ にすてき な ー あたら
A♭M7/D♭ Gm7(♭5)/D♭ A♭/C Fm7 B♭7 E♭sus4 E♭ E♭7 A♭
G
62
f
しいせーかい ー ふたり きり で あした をー い
ー Ah ふたり きり で あした をー い
しいせーかい ー ふたり きり で あした をー
E♭/G Edim C7/E Fm A♭/E♭ A♭M7/D♭ Gm7(♭5)/D♭ A♭/C A♭M7/D♭ Gm7(♭5)/D♭ A♭/C

66
H
ーっしょにみつめよう
ーっしょにみつめよう
mf
Ah
みつめよう
Fm7 B♭7 G♭ E♭sus4 E♭7 E 8va E/C♯
71
mf
ア ホール ニュー
ア ホール ニュー
Am/C B7 AM7 G♯7 C♯m E/B Esus4
mp
76
I
ワールド ー はじめてのせーかいー ながれ
mf
めをひらいて こわがらないで ながれ
f
ワールド ー はじめてのせーかいー ながれ
B7/D♯ E B/D♯ G♯7/B♯ C♯m E/B
Elevato Music
EMG3-0151

80
ぼ し は ふ し ぎ な ー ゆ め に み ち て い る
ぼ し は ふ し ぎ な ー Ah す て き
ぼ し は ふ し ぎ な ー Ah み ち て い る す て き
A E/G♯ A E/G♯ C♯m7 F♯7 A/B B
f
84
ほ し の う み を ど う ぞ こ の ま ま ふ た り
な ー あ た ら し い せ ー か い ー ふ た り
な ー あ た ら し い せ ー か い ー ふ た り
B7/D♯ E B/D♯ G♯7/B♯ C♯m E/B
88
き り で あ し た を ー す ば ら し い せ か い を
き り で あ し た を ー す ば ら し い せ か い を
き り で あ し た を ー す ば ら し い せ か い を
A E/G♯ A E/G♯ EmM7/A A7/G E/G♯ G♯7/B♯ C♯m

Elevato Music
EMG3-0151

J
mf
dim.
mp
p
いっしょにみつめようー
このままー
ふたりがー
すてきなー
せかいをー
みつめてー
あなたとー
いつまでもー
F♯7 F♯m7/D F♯m/B G♯m7/B Esus4/B B7 C♯m A♯m7(♭5) B7/A
E/G♯ B7/A E/G♯ B7sus4/F♯
rit.
E CM7 F6 F E
pp

MEMO

映画「アラジン」より

ホール・ニュー・ワールド（新しい世界）

作詞：Tim Rice　日本語訳詞：湯川れい子

見せてあげよう、輝く世界
プリンセス、自由の花をホラ
目を開いてこの広い世界を
魔法のじゅうたんに身を任せ

おおぞら、雲は美しく
誰も僕ら引きとめしばりはしない
おおぞら、目がくらむけれど
ときめく胸
初めてあなた見せてくれたの
すばらしい世界を

すてきすぎて信じられない
きらめく星はダイヤモンドね

ア・ホール・ニュー・ワールド
目を開いて
初めての世界
こわがらないで
ながれ星は
ふしぎな夢に満ちているのね
すてきな
星の海を
新しい世界
どうぞこのまま
ふたりきりで明日（あした）を
一緒に見つめよう

このまま
ふたりが
すてきな
世界を
見つめて
あなたと
いつまでも

エレヴァートミュージックエンターテイメントはウィンズスコアが
展開する「合唱楽譜・器楽系楽譜」を中心とした専門レーベルです。

ご注文について

エレヴァートミュージックエンターテイメントの商品は全国の楽器店、ならびに書店にてお求めになれますが、店頭でのご購入が困難な場合、下記PC&モバイルサイト・FAX・電話からのご注文で、直接ご購入が可能です。

◎PCサイト&モバイルサイトでのご注文方法

http://elevato-music.com

上記のアドレスへアクセスし、WEBショップにてご注文ください。

◎FAXでのご注文方法

FAX.03-6809-0594

24時間、ご注文を承ります。上記PCサイトよりFAXご注文用紙をダウンロードし、
印刷、ご記入の上ご送信ください。

◎お電話でのご注文方法

TEL.0120-713-771

営業時間内に電話いただければ、電話にてご注文を承ります。

LOVE THE ORIGINAL
楽譜のコピーはやめましょう